Impressum
Verlag: BABADADA GmbH, Nedderfeld 112 , 22529 Hamburg
Geschäftsführer / Verlagsleitung: Harald Hof
Druck: Books on Demand GmbH, In de Tarpen 42, 22848 Norderstedt

Imprint
Publisher: BABADADA GmbH, Nedderfeld 112 , 22529 Hamburg, Germany
Managing Director / Publishing direction: Harald Hof
Print: Books on Demand GmbH, In de Tarpen 42, 22848 Norderstedt, Germany

School

ቤት-ትምህርቲ

Klassenstuuv
ክፍሊ ክላስ
delen
መቀለ
186/2
Tafel
ሰሌዳ
Schoolhoff
ቀጽሪ ቤት-ትምህርቲ
Schoolmeester
መምህር
Papeer
ወረቐት
schrieven
Sticken
Schrievdisch
ጣውላ ምጽሓፍ
Lienholt
መስመር
Book
መጽሓፍ
Schöler
ተመሃራይ

Ranzel
....
ሳንጣ ትምህርቲ

Feddermapp
....
ሰፈር ብርዒ

Bleesticken
....
ርሳስ

Scharpmaker
....
መብልሒ ርሳስ

Radeergummi
....
መደምሰሲ

Tekenblock
....
ጥራዝ ስእሊ

2

School - ቤት-ትምህርቲ

Teken
....
ስእሊ

Pinsel
....
ብርዒ ቀለም

Malkassen
....
ቦክስ ቀለም

Scheer
....
መቐስ

Klever
....
መጣበቒ

Heft to'n Öven
....
ጥራዝ መላመዲ

Huusopgaav
....
ዕዮ ገዛ

Tall
....
ቁጽሪ

tohooptellen
....
ወሰኸ

aftrecken
....
ጎደለ

malnehmen
....
ረብሐ

reken
....
ደመረ

Bookstaav
....
ፊደል

ABC
....
ስርዓት ፊደላት

Woort
....
ቃል

Text

ጽሑፍ

lesen

ኣንበበ

Kried

ኩርሽ

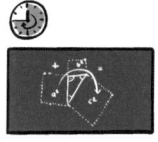

Stunn

ሰዓት

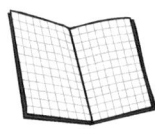

Klassenbook

መዝገብ ክላስ

Pröven

መርመራ

Tüügnis

ሰርቲፊከት

Schooluniform

ድቢዛ ቤትትምህርቲ

Utbillen

ትምህርቲ

Nakieksel

ለክሲኮን

Universität

ዩኒቨርሲቲ

Mikroskop

ሚክሮስኮፕ

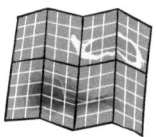

Koort

ካርታ

Papeerkorf

ጎሓፍ ወረቐት

Hotel
Harbarg
ሆስተል
Wesselstuuv
ቦታ ቅያር ገንዘብ
Kuffer
Auto
መኪና

Spraak
ቋንቋ

jo / ne
እወ / ኖ

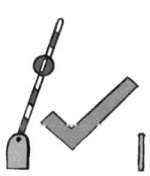

Jo
ሕራይ

Moin
ሰላም

Översetter
ኣስተርጓሚ

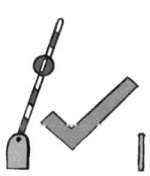

Dank ok
የቐንየለይ

Wat kost...?

....

. . . ክንደይ ዋግኡ?

Ik verstah nich

....

ኣይተረድኣኹን

Problem

....

ሽግር

Goden Avend

....

ሰላም ምሸት!

Moin!

....

ከመይ ሓዲርካ

Gode Nacht!

....

ሰላም ለይቲ

Tschüüs

....

ደሓን ኩን

Richt

....

ኣንፈት

Bagaasch

....

ጉዓዝ

Tasch

....

ሳንጣ

Rüchsack

....

ሳንጣ ሕቖ

Gast

....

ጋሻ

Stuuv

....

ክፍሊ

Slaapsack

....

ክሻ መደቀሲ

Telt

....

ቴንዳ

ouristeninformatschoon

ሓበሬታ በጻሕቲ ሃገር

Strand

ገምገም ባሕሪ

Kreditkoort

ክረዲት ካርድ

Fröhstück

ቁርሲ

Meddageten

ምሳሕ

Avendeten

ድራር

Fohrkort

ቲከት

Fohrstohl

ሊፍት

Breefmark

ማሕተም ደብዳበ

Grenz

ዶብ

Toll

ድጓና

Bottschop

ኣምበሲ

Visum

ቪዛ

Pass

ፓስፖርት

Transport

መጓዓዝያ

Fleger
ነፋሪት
Schipp
መርከብ
Füerwehrauto
መኪና መጥፍኢ ሓዊ
Lastwagen
ናይ ጽዕነት መኪና
Autobus
Motoorboot
ጃልባ ሞቶር
Fohrrad
ብሽግለታ
Auto
መኪና

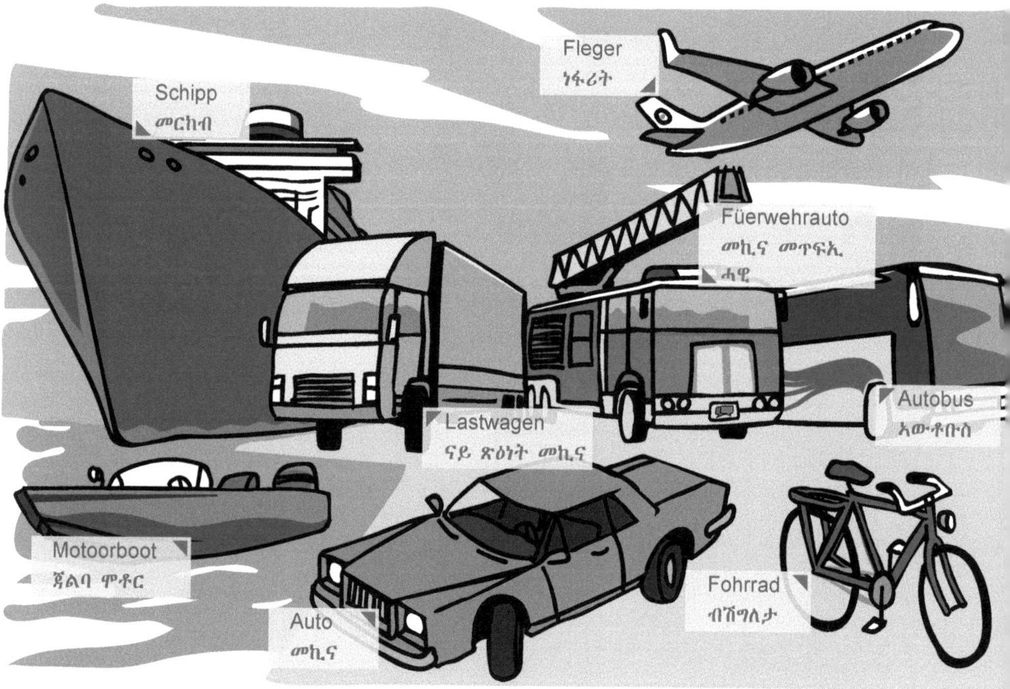

Fähr

ፈሪ

Boot

ጃልባ

Motoorrad

ሞቶ

Polizeiauto

መኪና ፖሊስ

Rönnauto

መኪና ቅድድም

Lehnwagen

ክራይ መኪና

Carsharing

ምውፋይ መካይን

Afsleepwagen

መወሰዲ መኪና

Müllauto

መኪና ጎሓፍ

Motoor

ሞቶር

Kraftstoff

ነዳዲ

Tanksteed

እንዳ ነዳዲ

Verkehrsschild

ምልክት ትራፊክ

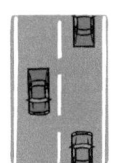

Verkehr

ትራፊክ

Stau

ምጭቕጫቕ ትራፊክ

Afstellplatz

መዕሸጊ መኪና

Bahnhoff

መዕረፊ ባቡር

Sporen

ሓዲግ

Tog

ባቡር

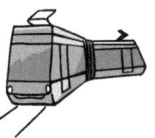

Stratenbahn

ትረም

Wagon

ባጎኒ

Dwarsmöhl

ሄሊኮፕተር

Flooghaven

መዓረፎ ነፈርቲ

Tower

ታወር

Fohrgast

ተጐዓዚ

Grootkist

ኮንተይነር

Karton

ሳንዱቕ ካርቶን

Koor

ኮርሳ ጽዕነት

Korf

ዘንቢል

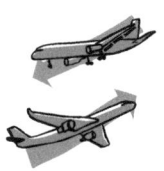

starten / lannen

ተበገሰ / ዓለበ

Stadt

ከተማ

Dörp

ቍሸት

Binnenstadt

ማእከል ከተማ

Huus

ገዛ

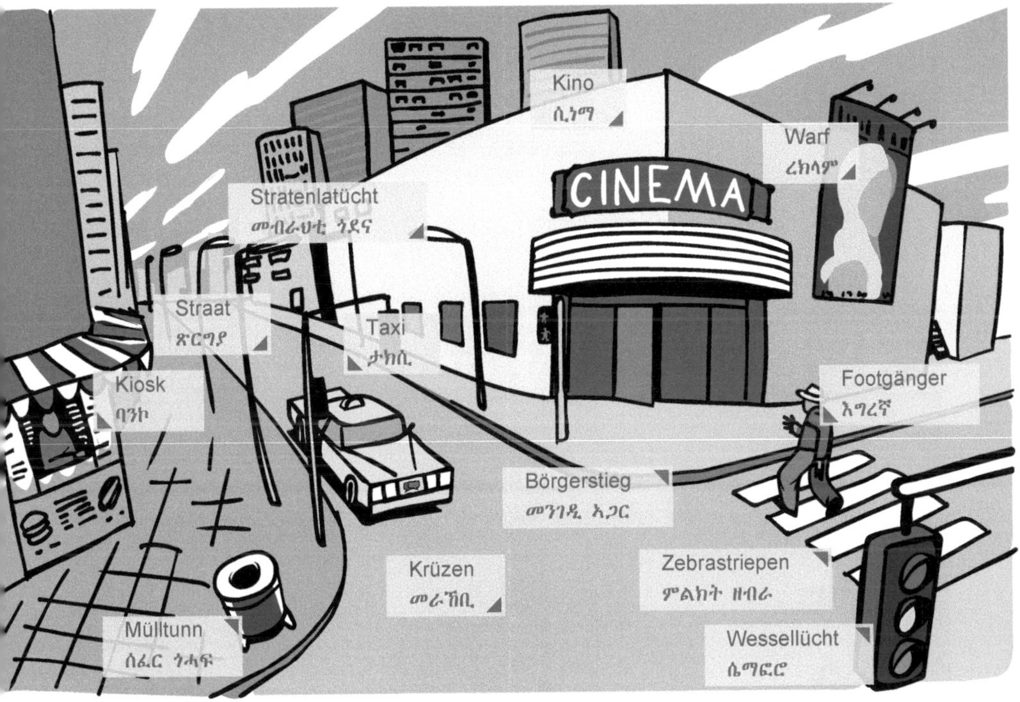

Kino
ሲነማ
Warf
ረክላም
CINEMA
Stratenlatücht
መብራህቲ ጎደና
Straat
ጽርግያ
Taxi
ታክሲ
Kiosk
ባንኮ
Footgänger
እግረኛ
Börgerstieg
መንገዲ ኣጋር
Krüzen
መራኸቢ
Zebrastriepen
ምልክት ዘብራ
Mülltunn
ሰፈር ጎሓፍ
Wessellücht
ሴማፎሮ

Hütt

ኣጉዶ

Wahnung

ኣፓርትመንት

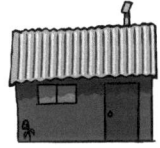

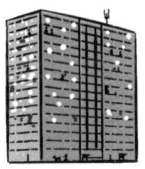

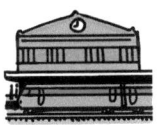

Bahnhoff

መዕረፊ ባቡር

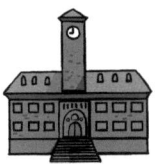

Raathuus

ቤት ምምሕዳር

MUSEUM

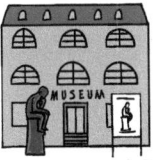

Museum

ቤተ መዘክር

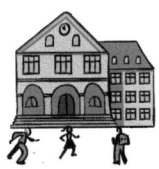

School

ቤት-ትምህርቲ

Universität

....

ዩኒቨርሲቲ

Bank

....

ባንክ

Krankenhuus

....

ሆስፒታል

Hotel

....

መቐበሊ ኣጋይሽ

Afteek

....

ቤት መድሃኒት

Büro

....

ቤት ጽሕፈት

Bookhökerie

....

ዱኳን መጽሓፍቲ

Hökerie

....

ዱኳን

Blomenhökerie

....

ዱኳን ዕንባባ

Supermarkt

....

ሱፐርማርከት

Markt

....

ዕዳጋ

Koophuus

....

ሹቕ

Fischhökerie

....

ነጋዳይ ዓሳ

Inkoopszentrum

....

ሹቕ

Haven

....

መርሳ

Parkanlaag

መዘናግዒ

Bank

ባንኪ

Brüch

ድልድል

Trepp

መደያይቦ

Ünnergrundbahn

ባቡር ትሕቲ ምድሪ

Tunnel

ቢንቶ

Busstoppsteed

መዕረፊ ኣውቶቡስ

Bar

ቤት መስተ

Spieslokal

ቤት-መግቢ

Breefkassen

ሰታሪት

Stratenschild

ታቤላ

Parkklock

ሰዓት ፓርኪንግ

Deertenpark

መካነ እንስሳታት

Baadanstalt

መሓምበሲ

Moschee

መስጊድ

Buernhoff

ቤት ሕርሻ

Ümweltversmudden

ብከላ

Karkhoff

መቓብር

Kark

ቤተክርስትያን

Speelplatz

ቦታ ምጽዋት

Tempel

ቤት መቕደስ

Landschop

ስእሊ መሬት

Blatt
Wiespahl
መሕበሪ መገዲ
Weg
መገዲ
Wisch
Steen
እምኒ
Wannerer
ኮብላሊ
Boom
ኣግራብ
Fluss
ፈለግ
Gras
Bloom
ዕንባባ

Daal

ስንጭሮ

Barg

ጎቦ

See

ቀላይ

Holt

ዱር

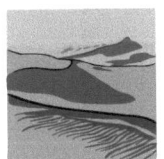

Wööst

ምድረ በዳ

Füerspien Barg

እሳተ-ጎመራ

Slott

ግምቢ

Regenbagen

ቀስተ-ደመና

Poggenstohl

ቃንጥሻ

Palm

ዓርኮብኮባይ

Steekmück

ጣንጡ

Fleeg

ሃመማ

Miegeemk

ጻጸ

Imm

ንህቢ

Spinn

ሳሬት

Sebber

ሕንዚዝ

Pogg

ዕንቅርዖብ

Katteker

ምጽጹላይ

Swienegel

ቅንፍዝ

Haas

ማንቲለ

Uul

ጉንጓ

Vagel

ጭሩ

Swaan

ስዋን

Wildswien

መፍለስ

Hirsch

ዓጋዘን

Elk

ሙስ

Staudamm

ግድብ

Windrad

ተርባይን ንፋስ

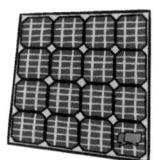

Solarmodul

ሶላር ስርሓት

Klima

ኩነታት ኣየር

Kellner
አሰላፊ

Spieskoort
ካርታ መግብታት

Stohl
መንበር

Supp
መረቕ

Pizza
ፒትሳ

Bestick
መመታተሪ

Dischdeek
ክዳን ጣውላ

Vörspies

ቅድመ ቀንዲ መግቢ

Haupteten

ቀንዲ መኣዲ

Nadisch

ድሕሪ መግቢ

Drünk

መስተ

Eten

መግቢ

Buddel

ጥርሙዝ

Fastfood

....

ስሉጥ መግቢ

Strateneten

....

መግቢ ጽርግያ

Teekann

....

ብርጭቆ ሻሂ

Zuckerdoos

....

ታኒካ ሽኮር

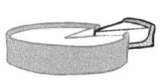

Portschoon

....

ክፋል

Espressomaschien

....

ማሺን ኤስፕረሶ

Hoochstohl

....

ነዊሕ መንበር

Reken

....

ጸብጻብ

Tablett

....

ታብለት

Mess

....

ካራ

Gavel

....

ፋርኪታ

Lepel

....

ማንካ

Teelepel

....

ማንካ ሻሂ

Munddook

....

ሰርቨየተ

Glas

....

ብኬሪ

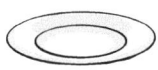

Töller
....
ሸሓኒ

Suppentöller
....
ሸሓኒ መረቕ

Ünnertass
....
ትሕቲ ኩባያ

Sooß
....
ጸብሒ

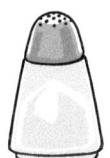

Soltstreuer
....
ወሃቢ ጨው

Pepermöhl
....
መጥሓን በርበረ

Etig
....
ኣቸቶ

Ööl
....
ዘይቲ

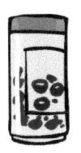

Krüder
....
ቀመም

Ketchup
....
ከቹፕ

Mostrich
....
ኣድሪ

Mayonnaise
....
ማዩኒዝ

Supermarkt
ሱፐርማርክት

Anbott
ወፈያ
FOR
Kunn
ዓሚል
Melkprodukten
ፍርያታት ጸባ
Aaft
ፍረታት
Inkoopswagen
ሰረገላ ዱኳን

Slachterie

እንዳ ስጋ

Bäckerie

እንዳ ባኒ

wegen

ክብደት

Gröönsaken

ኣሕምልቲ

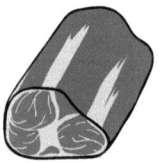

Fleesch

ስጋ

Deepköhlkost

መግቢ ፍሪጅ በረድ

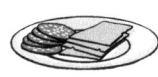

Opsnitt
....
ዝሑል ቅሩብ መግቢ

Konserven
....
እስቃጥላ

Waschmiddel
....
ኣሞ

Snoopkraam
....
ምቁር መግቢ

Huushooltssaken
....
ዘቤታውያን ኣቕሑ

Reinmaaktüüch
....
ናውቲ መጸረዪ

Verköpersche
....
ሸቃጣይ

Kass
....
ካሳ

Kasserer
....
ተሓዝ ገንዘብ

Inkoopslist
....
ዝርዝር ምግዛእ

Opsparrtieden
....
ክፉት ሰዓታት

Breeftasch
....
ማሕፉዳ

Kreditkoort
....
ክረዲት ካርድ

Tasch
....
ሳንጣ

Plastiktüüt
....
ፌስታል

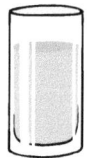

Drünk

መስተ

Water

ማይ

Saft

ጽማቕ

Melk

ጸባ

Cola

ኮላ

Wien

ነቢት

Beer

ቢራ

Spriet

ኣልኮል

Kakao

ካካው

Tee

ሻሂ

Koffie

ቡን

Espresso

ኤስፕረሶ

Cappucino

ካፑቺኖ

Banaan

....

ባናና

Appel

....

ቱፋሕ

Appelsien

....

ኣራንሺ

Meloon

....

ብርጭቕ

Zitroon

....

ለሚን

Wöttel

....

ካሮት

Knuuvlook

....

ጻዕዳ ሽጉርቲ

Bambus

....

ባምቡስ

Zibbel

....

ሽጉርቲ

Poggenstohl

....

ቅንጥሻ

Nööt

....

ፉል

Nudeln

....

ፓስታ

Spaghetti

ስፓገቲ

Ries

ሩዝ

Salat

ሰላጣ

Pommes frites

ቅልዋ ድንሽ

Braadkantüffeln

ቅሉው ድንሽ

Pizza

ፒትሳ

Hamborger

ሃምቡርገር

Sandwich

ፓኒኖ

Snitzel

ቢስተካ

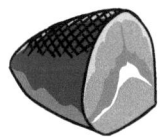

Schinken

ሰለፍ ሓሰማ

Salami

ሳላሚ

Wust

ግዕዝም

Hohn

ደርሆ

Braden

ቀለወ

Fisch

ዓሳ

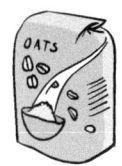

Haverflocken

ገዓት

Müsli

ሙስሊ

Cornflakes

ኮርንፍለይክስ

Mehl

ሓርጭ

Croissant

ክሮሶን

Rundstück

ባኒ

Broot

ባኒ

Toast

ቶስት

Keksen

ብሽኮቲ

Botter

ጠስሚ

Quark

ርግኦ

Koken

ፓስተ

Ei

እንቋቝሖ

Spegelei

ቅሉው እንቋቝሖ

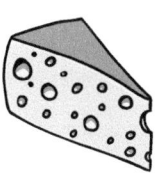

Kees

ፋርማጆ

Ies

አይስ ክሪም

Zucker

ሽኮር

Honnig

መዓር

Marmelaad

ጃም

Nougat-Creme

ኑጋት-ክሪም

Curry

ኩሪ

Buernhoff
ቤት ሕርሻ

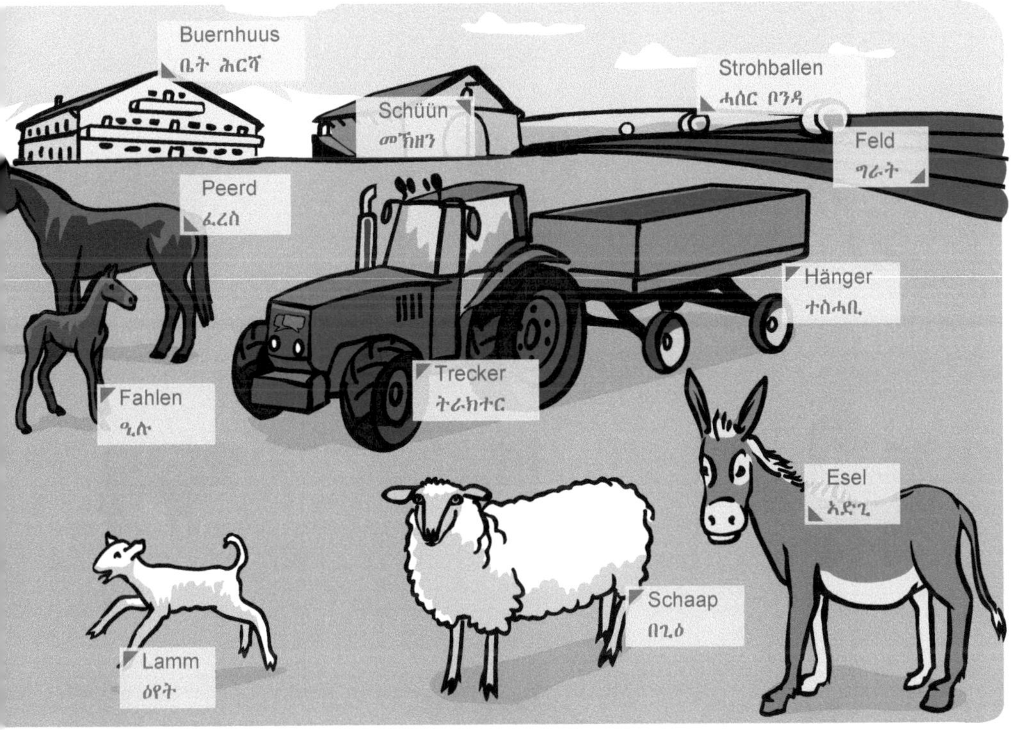

Buernhuus
ቤት ሕርሻ
Schüün
መኽዘን
Strohballen
ሓሰር ቦንዳ
Feld
ግራት
Peerd
ፈረስ
Hänger
ተስሓቢ
Trecker
ትራክተር
Fahlen
ዒሉ
Esel
ኣድጊ
Schaap
በጊዕ
Lamm
ዕየት

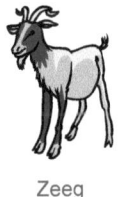

Zeeg

ጤል

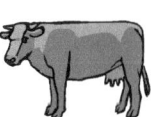

Koh

ብዕራይ

Kalf

ምራኽ

Swien

ሓሰማ

Farken

ውላድ ሓሰማ

Bull

ኣርሓ

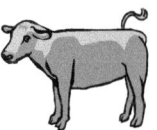

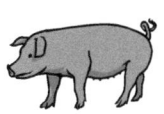

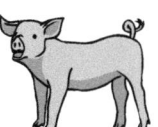

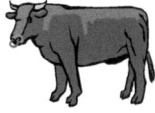

Goos

ዓዓ

Aant

ማይ ደርሆ

Küken

ጫቑት

Hohn

ደርሆ

Hahn

ኣርሓ ደርሆ

Rott

ኣንጨዋ ዓባይ

Katt

ድሙ

Muus

ኣንጭዋ

Oss

ብዕራይ

Hund

ከልቢ

Hunnenhütt

ኣጕዶ ከልቢ

Goornslauch

ቱባ ጀርዲን

Geetkann

መዝፈፊ ማይ

Lee

ዓቢ ማዕጺድ

Ploog

ማሕረሻ

Sich

ማዕጺድ

Hack

ጭኽሮ

Mestfork

መስአ

Ext

ፋስ

Schuufkoor

ዓረብያ ኢድ

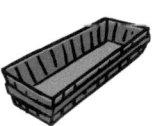

Trog

ጋብላ

Melkkann

ብርጭቆ ጸባ

Sack

ክሻ

Tuun

ሓጹር

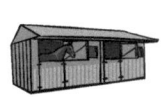

Stall

መጓሰስ

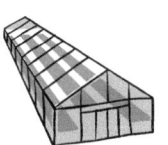

Drievhuus

ቆጠልያ ገዛ

Bodden

ባይታ

Saat

ዘርኢ

Dünger

ድኹዒ

Meihdöscher

ዘጣምር ቀውዓይ

oornen

ቀውዒ

Oorn

ጻማ

Yamswöttel

ድንሽ ያም

Weten

ስርናይ

Soja

ሶያ

Kantüffel

ድንሽ

Törksche Weten

ዕፉን

Rapp

ራፕስ

Aaftboom

ገረብ ፍረታት

Troopsch Kantüffel

ማኒኦክ

Koorn

ኣእኻል

Huus

ገዛ

Schosteen
Dack
ናሕሲ
Regenrönn
Finster
መስኮት
Döörklock
ጭር መበሊት
Garaasch
ጋራጅ
Döör
ማዕጾ
Müllemmer
ጎሓፍ መገለል
Breefkassen
ቦክስ ደብዳበ
Goorn

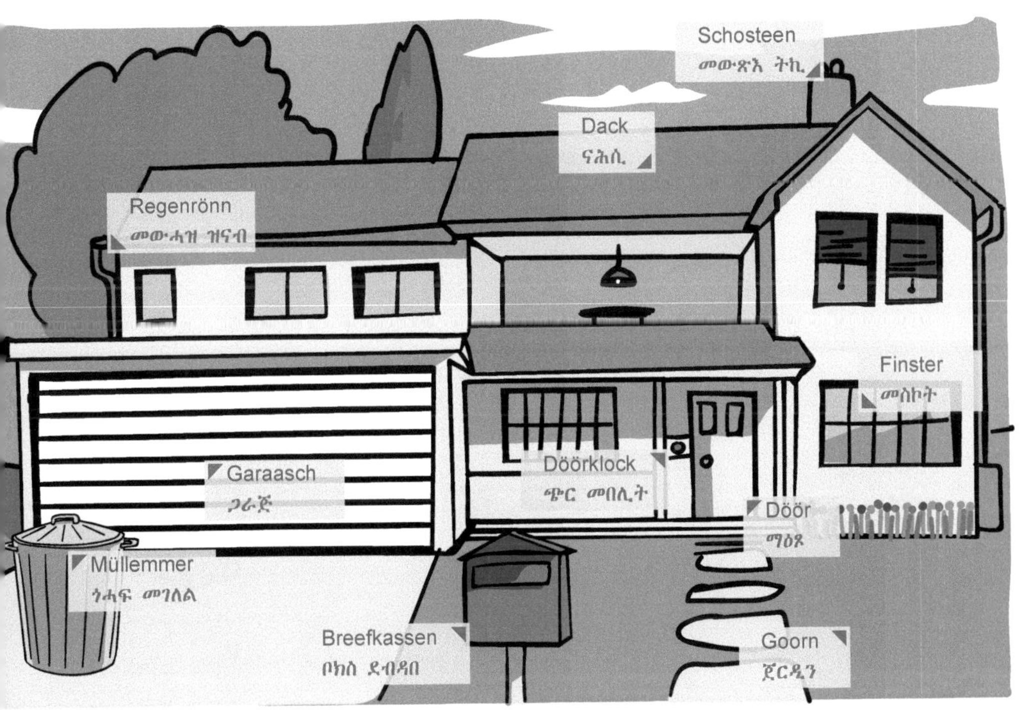

Wahnstuuv

ክፍሊ ምቕማጥ

Baadstuuv

ክፍሊ ባንዮ

Köök

ክሽነ

Slaapstuuv

ክፍሊ መደቀሲ

Kinnerstuuv

ክፍሊ ቆልዑ

Eetstuuv

መመገቢ ክፍሊ

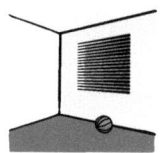

Footbodden

ባይታ

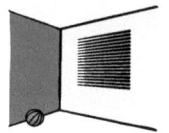

Wand

መንደቕ

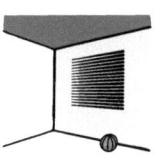

Deek

ከቦርታ

Keller

ካንቲና

Hittluftbad

ሳውና

Balkon

ባልኮን

Terrass

ዛላ

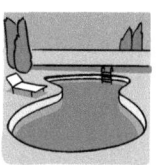

Swümmbad

መሕምበሲ

Rasenmeiher

መቑረጺ ሳዕሪ

Bettbetog

ኣንሶላ ዓራት

Bettdeek

ከቦርታ ዓራት

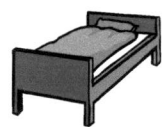

Puuch

ዓራት

Bessen

መኾስተር

Emmer

መገለል

Schalter

መወልዒት

Wahnstuuv

ክፍሊ ምቕማጥ

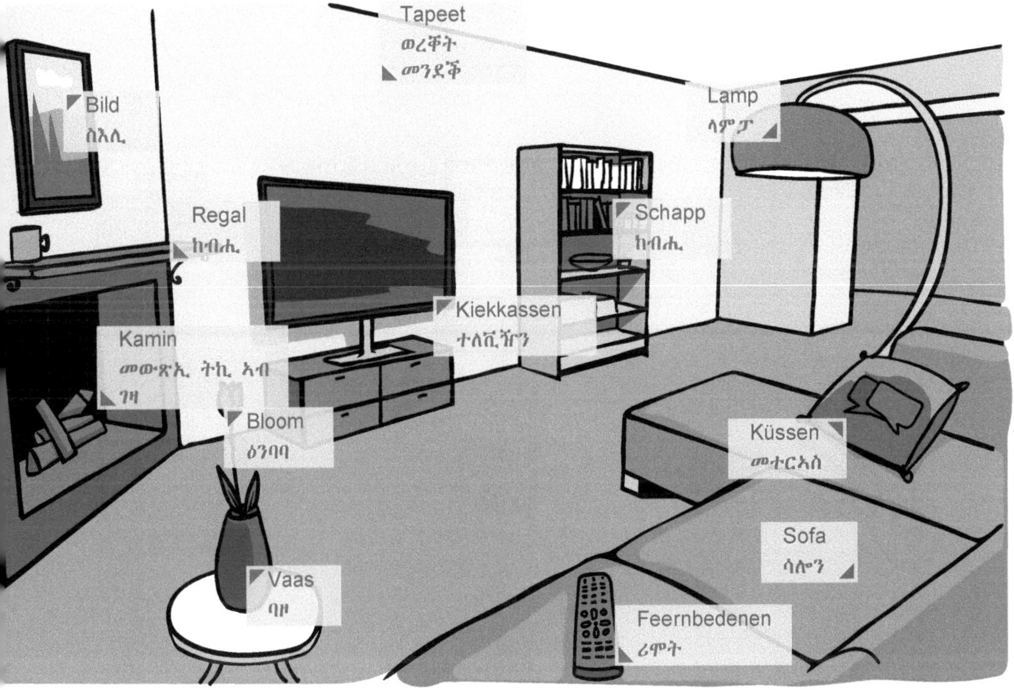
Tapeet
ወረቐት መንደቕ
Bild
ስእሊ
Lamp
ላምፓ
Regal
ክብሒ
Schapp
ክብሒ
Kiekkassen
ተለቪዥን
Kamin
መውጽኢ ትኪ ኣብ ገዛ
Bloom
ዕንባባ
Küssen
መተርኣስ
Sofa
ሳሎን
Vaas
ባዞ
Feernbedenen
ሪሞት

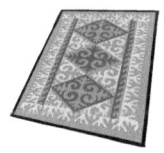

Teppich

መንጸፍ

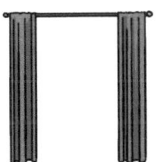

Vörhang

መጋረጃ

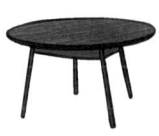

Disch

ጣውላ

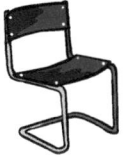

Stohl

መንበር

Schuckelstohl

ሰለል ዝብል መንበር

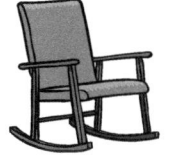

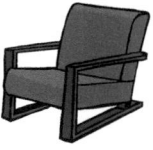

Sessel

መንበር ምቹእ

Book

መጽሓፍ

Deek

ክቦርታ

Dekoratschoon

ስልማት

Füerholt

እንጨይቲ ሓዊ

Film

ፊልም

Stereoanlaag

ስተረዮ

Slötel

መፍትሕ

Narichtenblatt

ጋዜጣ

Gemälde

ቕብኣ

Poster

ፖስተር

Radio

ረድዮ

Opschrievblock

ጥራዝ

Huulbessen

መልገሲ ደሮና

Kaktus

በለስ

Kars

ሽምዓ

Köök

ክሽነ

Köhlschapp
መዝሓሊ
Mikrowell
ሚክሮቨላ
Kökenwaag
ሚዛን ክሽነ
Toaster
ቶስተር
Reinmaakmiddel
መጽረዪ
Backaven
እቶን
Gefreerfack
መዝሓሊ በረድ
Müllemmer
ጎሓፍ መገለል
Opwaschmaschien
መጽረዪ ኣቕሑ መግቢ

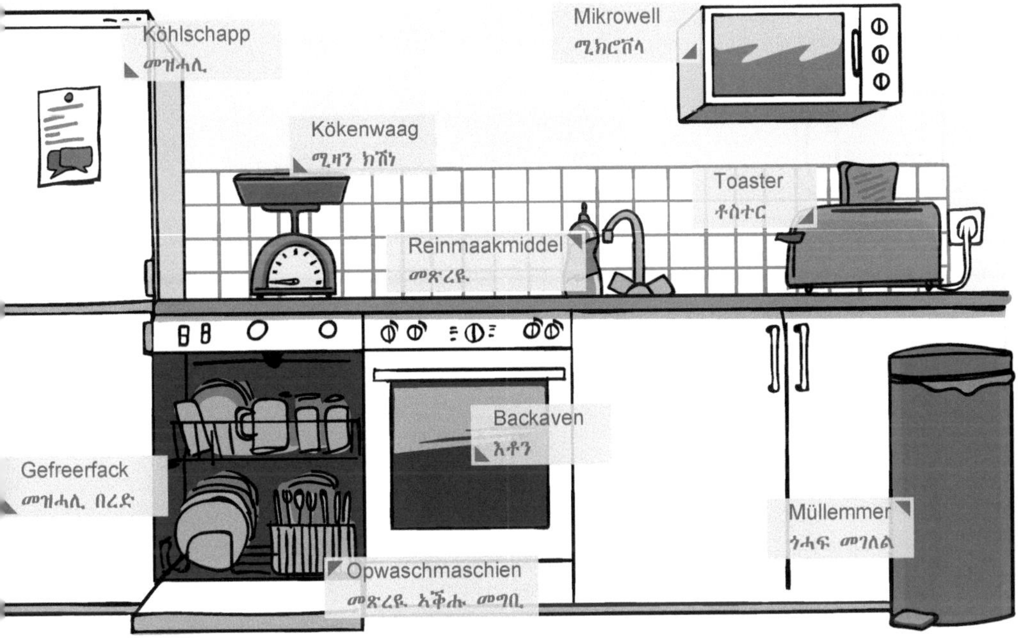

Heerd

መኽሸኒ

Pott

ድስቲ

Gussiesern Putt

ድስቲ ሓጺን

Wok / Kadai

ቮክ/ካዳይ

Pann

ባደላ

Waterkaker

መውዓዪ ማይ

Dampkaakputt

መፍልሒ

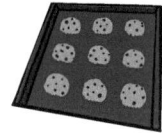

Backblick

ጓንቴራ ምስንካት

Geschirr

ኣቑሑ መግቢ

Beker

ብርጭቆ

Schaal

ጭሖሎ

Eetsticken

ማንካቺና

Suppenkell

ማንካ መረቕ

Pannenwenner

መገልበጢ ባደላ

Sneebessen

መኾስተር ውርጪ

Kaakseef

መንፊት መግቢ

Seef

መንፊት

Riev

መፋሕፍሒ

Mörser

ሞርታር

Grill

ባርቢክዩ

Füerstell

ስፍራ ሓዊ

Sniedbrett

እንጨይቲ ምምታር

Nudelholt

እንጨይቲ ኲረር

Proppentrecker

መኽፈት ቡሽ

Doos

ታኒካ

Dosenaapner

መኽፈቲ ታኒካ

Pottlappen

ጨርቂ ድስቲ

Waschbecken

ቡምባ

Böst

ኣስባስላ

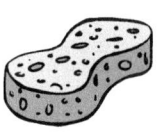

Swamm

ሰፍነግ

Mixer

ሓዋሲ ኣደባላቒ

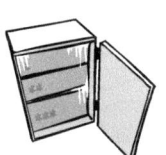

Iesschapp

መዝሓሊ በረድ

Nuckelbuddel

ጥርሙዝ ማማይ

Waterhahn

ቡምባ ማይ

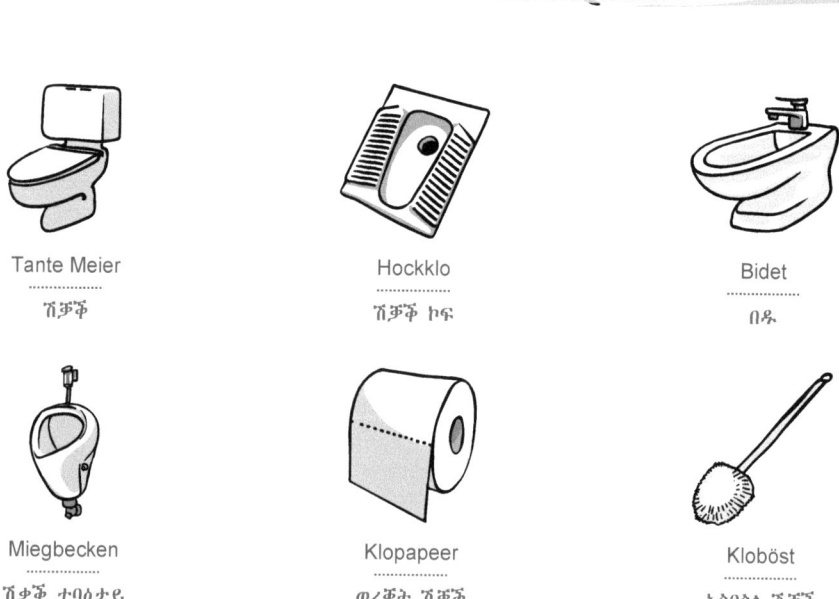

Baadstuuv

ክፍሊ ባንዮ

Heizung
መውዓዪ
Handdook
ሽጎማኖ
Bruus
መሕጸቢ ሻወር
Bruusvörhang
ሻወር መጋረጃ
Schuumbad
መሕጸቢ ዓፍራ
Baadwann
Glas
ብኬሪ
Waschmaschien
Waterhahn
ቡምባ ማይ
Fliesen
ማቶነላ
lütte Putt
ድስቲ
Waschbecken
ቡምባ

Tante Meier

ሽቓቕ

Hockklo

ሽቓቕ ኮፍ

Bidet

በዴ

Miegbecken

ሽቓቕ ተባዕታይ

Klopapeer

ወረቐት ሽቓቕ

Kloböst

ኣስባስላ ሽቓቕ

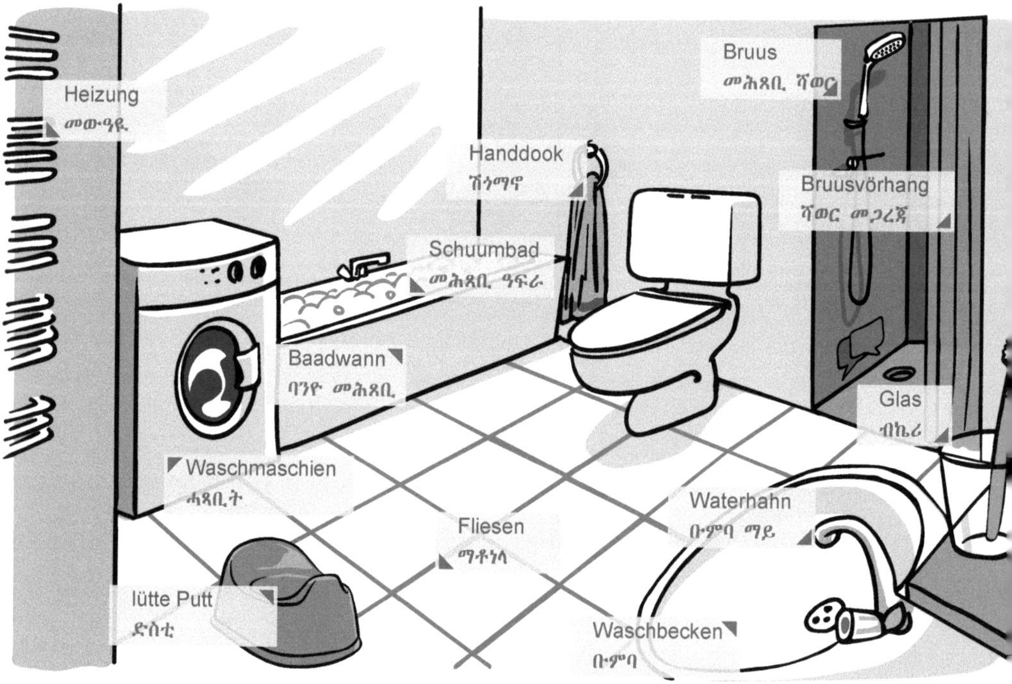

Tähnböst

ኣስባስላ ስኒ

Tähnpast

ክሬማ ስኒ

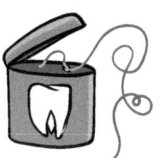

Tähnsied

ሃሪ ስኒ

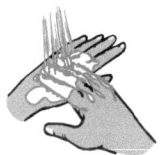

waschen

ሓጻበ

Handbruus

ዱሽ ኢድ

Intimbruus

ዱሽ

Waschschöttel

ብርጭቆ ምሕጻብ

Rüchböst

ኣስባስላ ሕቖ

Seep

ሳምና

Bruusgeel

ሻወር ጀል

Hoorwaschmiddel

ሻምፑ

Waschlappen

ጨርቂ መሕጸቢ

Afloop

መውሓዚ

Creme

ክሬማ

Deodorant

ደዮ ጨና

Spegel

መስትያት

Kosmetikspegel

ናይ ኢድ መስትያት

Raserer

መላጸ

Raseerschuum

ዓፍራ ምልጻይ

Raseerwater

ጨና ድሕሪ ምልጻይ

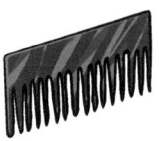

Kamm

መመሸጥ

Böst

ኣስባስላ

Hoordröger

መንቐጺ ጸጉሪ

Hoorspray

ስፕረይ ጸጉሪ

Smink

መመላኽዒ

Lippensticken

ብርዒ ቀለም ከንፈር

Nagellack

ኣዝማልቶ

Watt

ጸምሪ ጡጥ

Nagelscheer

መስደዲ ጽፍሪ

Rüükwater

ጨና

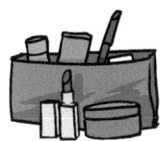

Kulturbüdel

....

ሳንጣ መሕጸቢ

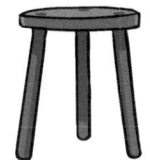

Schemel

....

ድኳ

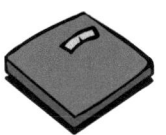

Waag

....

ሚዛን

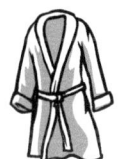

Baadmantel

....

ክዳን መሕጸቢ

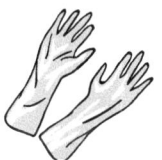

Gummihanschen

....

ጓንቲ መጸረዪ

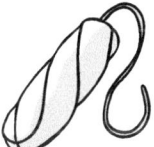

Tampon

....

ታምፖን

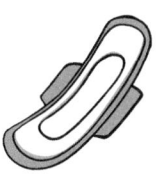

Damenbinn

....

ጨርቂ ሰበይቲ

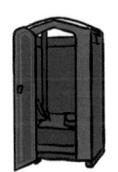

Chemieklo

....

ሽቓቕ ኬሚስትሪ

Kinnerstuuv

ክፍሊ ቆልዑ

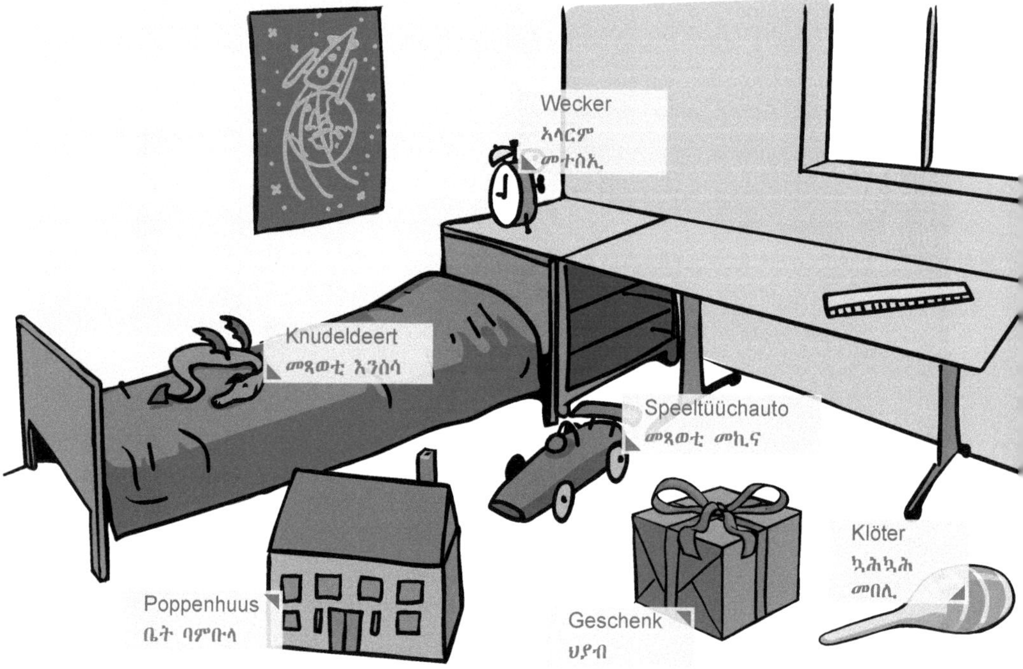
Wecker
ኣላርም
መተስኢ
Knudeldeert
መጻወቲ እንስሳ
Speeltüüchauto
መጻወቲ መኪና
Klöter
ኳሕኳሕ
መበሊ
Poppenhuus
ቤት ባምቡላ
Geschenk
ህያብ

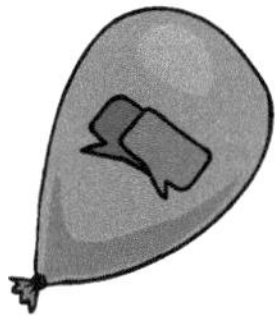

Luftballon

ባላንችና

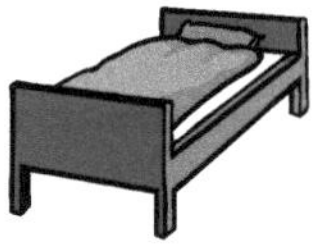

Puuch

ዓራት

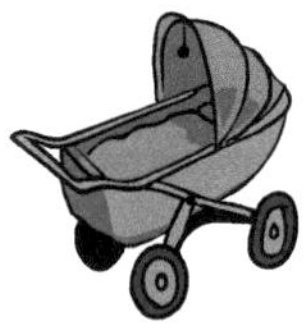

Kinnerwagen

ሰረገላ ህጻን

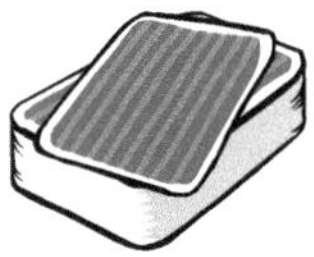

Koortenspeel

ጸወታ ካርታ

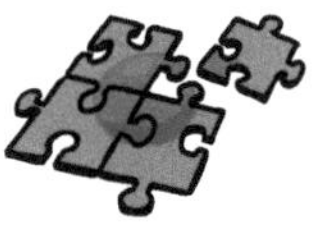

Puzzle

ሕንቅሊተይ

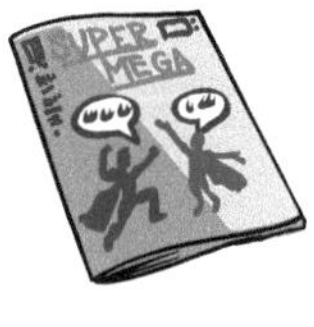
SUPER
MEGA

Billergeschicht

ኮሜዲ

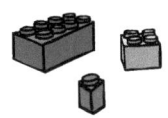

Legostenen

እምንታት መጻወቲ ለጎ

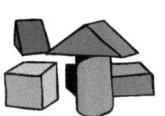

Bustenen

መጻወቲ እምንታት

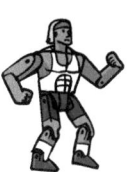

Action-Figur

በዓል ኣክቾን

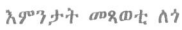

Strampelantog

ክዳን ማማይ

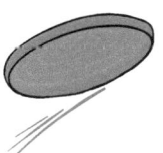

Frisbeeschiev

ፍሪስቢ

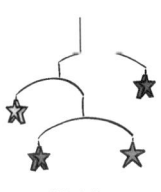

Mobile

ሞባይል ማማይ

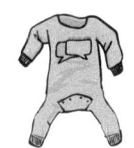

Brettspeel

ጸወታ ሰሌዳ

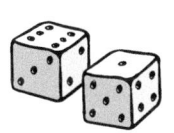

Wörpel

ኩቦ

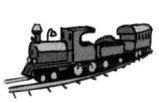

Modelliesenbahn

ሞደል ባቡር ምድሪ

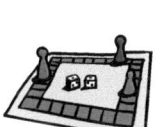

Snuller

ዓባስ

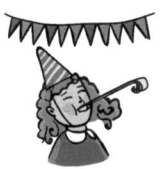

Party

ፓርቲ

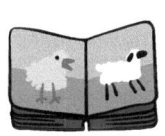

Billerbook

መጽሓፍ ስእሊ

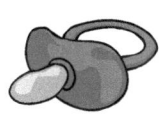

Ball

ኩዕሶ

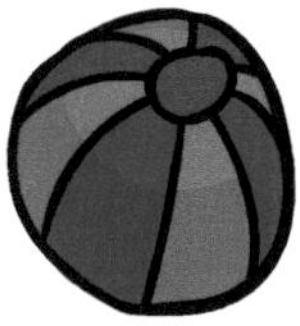

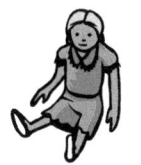

Popp

ባምቡላ

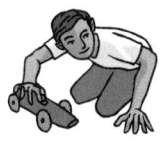

spelen

ተጻወተ

Sandkassen

መጻወቲ ሑጻ

Schuckel

ሰላል

Speeltüüch

መጻወቲታት

Speelkonsool

ኮንሶል ቪድዮ

Dreerad

መጻወቲ ሰለስተ መንኮርኮር

Teddyboor

ተዲ

Klederschapp

ክብሒ ክዳን

Tüüch

ክዳን

Socken

ካልስታት

Strümp

ነዊሕ ካልስታት

Strumpbüx

ስረ ካልሲ

Halsdook
ሻርባ

Liefreem
ቁልፊ

Paraplü
ጽላል

T-Shirt
ማልያ

Stevel
ረፋዕ

Puuschen
ጫማ ገዛ

Turnschoh
ስኒከርስ

Sandalen
.....
ሽበጥ

Schoh
.....
ጫማ

Gummistevel
.....
ረፋዕ ጎማ

Ünnerbüx
.....
ሙታንታ

Bostholler
.....
ክዳን ጡብ

Ünnerhemd
.....
ትሕተ ካሚቻ

Tüüch - ክዳን   45

Lief

ቦዲ

Büx

ስረ

Jeansnüx

ጂንስ

Rock

ቀምሽ

Bluus

ካምቻ

Hemd

ካሚቻ

Pullover

ጉልፎ

Kapuzenpullover

ጎልፎ

Blazer

ጃኬት

Jack

ጃከት

Mantel

ጁባ

Övertrecker

ክዳን ዝናብ

Kostüm

ኮስቱም

Kleed

ቀምሽ

Hochtietskleed

ቀምሽ መርዓ

Antog

ልብሲ

Nachtkleed

ካሚቻ ለይቲ

Slaapantog

ክዳን ለይቲ

Sari

ሳሪ

Koppdook

መሃረብ ርእሲ

Turban

ቱርባን

Burka

ቡርካ

Kaftan

ካፍታን

Abaya

ኣባያ

Baadantog

ክዳን መሕምበሲ

Baadbüx

ስረ መሕምበሲ

Korte Büx

ሓጺር ስረ

Antog to'n Öven

ክዳን ታዕሊም

Schört

በጃ ክዳን

Handschoh

ጓንቲ

Knopp

መልጎም

Brill

መነጽር

Armband

በንናጅር

Halskeed

ማዕተብ

Ring

ቀለበት

Ohrbummel

ኩትሻ

Mütz

ቆብዕ

Klederbögel

መንበሪ ጁባ

Hoot

ባርነጣ

Binner

ካርራቫት

Rietslüter

ሻርነጣ

Helm

ሀልመት

Drachtband

መድልደል ስረ

Schooluniform

ድቢዛ ቤትትምህርቲ

Uniform

ድቢዛ

Severböten

ሰደርያ ቆልዓ

Snuller

ዓባስ

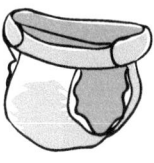

Winnel

ጨርቂ ማማይ

Büro

ቤት ጽሕፈት

Server
ሰርቨር
Aktenschapp
ከብሒ ሰነድ
Drucker
ፕሪንተር
Papeer
ወረቐት
Bildschirm
ሞኒቶር
Muus
ኣንጭዋ
Schrievdisch
ጣውላ ምጽሓፍ
Orner
Knoopboord
ኪቦርድ
Papeerkorf
ጎሓፍ ወረቐት
Computer
ኮምፒተር
Stohl
መንበር

Koffiebeker

ብርጭቆ ቡን

Taschenreekner

ካልኩለተር

Internet

ኢንተርነት

Klappreekner

....

ለፕቶፕ

Breef

....

ደብዳበ

Naricht

....

መልእኽቲ

Ackersnacker

....

ሞባይል

Nettwark

....

ነትወርክ/መርበብ

Kopeerapparat

....

መቅድሒ ፎቶኮፒ

Software

....

ሶፍትዌር

Klöönkassen

....

ተለፎን

Steekdoos

....

ሶከት ኳረንቲ

Faxapparat

....

ፋክስ

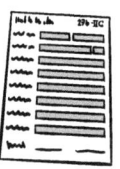

Formulor

....

ፎርም

Dokument

....

ሰነድ

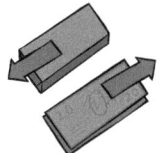

Weertschop

ቍጠባ

köpen

ገዝአ

betahlen

ከፈለ

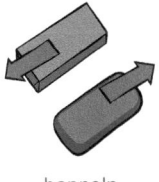

hanneln

ንግዲ

Geld

ገንዘብ

Dollar

ዶላር

Euro

ኦይሮ

Yen

የን

Ruvel

ሩብል

Swiezer Franken

ስዊዝ ፍራንከን

Renminbi Yuan

ረንሚንቢ ዩዋን

Rupie

ሩፒየ

Geldautomat

መውጽኢ ማሺን ገንዘብ

Wesselstuuv

....

ቦታ ቅያር ገንዘብ

Gold

....

ወርቂ

Sülver

....

ብሩር

Ööl

....

ዘይቲ

Energie

....

ሓይሊ

Pries

....

ዋጋ

Verdrag

....

ውዕል

Stüer

....

ቀረጽ

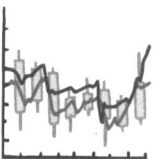

Andeelschien

....

እኩብ ጥረ-ነገራት

arbeiden

....

ሰርሐ

Anstellte

....

ሰራሕተኛ

Arbeitgever

....

ኣስራሒ

Fabrik

....

ትካል

Hökerie

....

ዱኳን

Profeschonen

ሞያታት

Wachtmeester
በዓል ፖሊስ
Füerwehrmann
መጠፈኢ ሓዊ
Kock
ከሻኒ
Dokter
ሓኪም
Fleger
መራሒ ነፋሪት

Goorner

ሰራሕተኛ ጀርዲን

Discher

ጸራቢ ዕንጸይቲ

Neihersche

ሰፋይት

Richter

ፈራዳይ

Chemiker

ቀማሚ

Schauspeler

ተዋሳኢ

Busfohrer

....

መራሒ ኣዉቶቡስ

Taxifohrer

....

ኣውቲስታ ታክሲ

Fischer

....

ገፋፊ ዓሳ

Reinmaakfru

....

ጸራጊት

Dackdecker

....

ሃናጻይ ናሕሲ

Kellner

....

ኣሰላፊ

Jäger

....

ሃዳናይ

Maler

....

ሰኣላይ

Bäcker

....

እንዳ ሕብስቲ

Elektriker

....

ኤለትሪከኛ

Buarbeider

....

ሃናጺ ኣባይቲ

Ingenieur

....

ሃንዳሲ

Slachter

....

ሰራሕተኛ እንዳ ስጋ

Klempner

....

ድራብሊኮ

Postbüdel

....

ኣማላላሲ ፖስጣ

Suldat

ወተሃደር

Architekt

መሃንድስ

Kasserer

ተሓዝ ገንዘብ

Florist

ሰራሕተኛ ዕምባባ

Putzbüdel

ቀምቃማይ

Schaffner

ፈተሪኖ

Mechaniker

መካኒክ

Kaptein

መራሒ መርከብ

Tähndokter

ሓኪም ስኒ

Wetenschopler

ተመራማሪ

Rabbi

ራቢ

Imam

ኢማም

Mönk

ፈላሲ

Paap

ቀሺ

Warktüüch

ናውቲ

Tang
ጉጤት
Hamer
Schruvendreiher
Taschenlamp
ላምፓዲና
Schruvenslötel
መፋትሕ

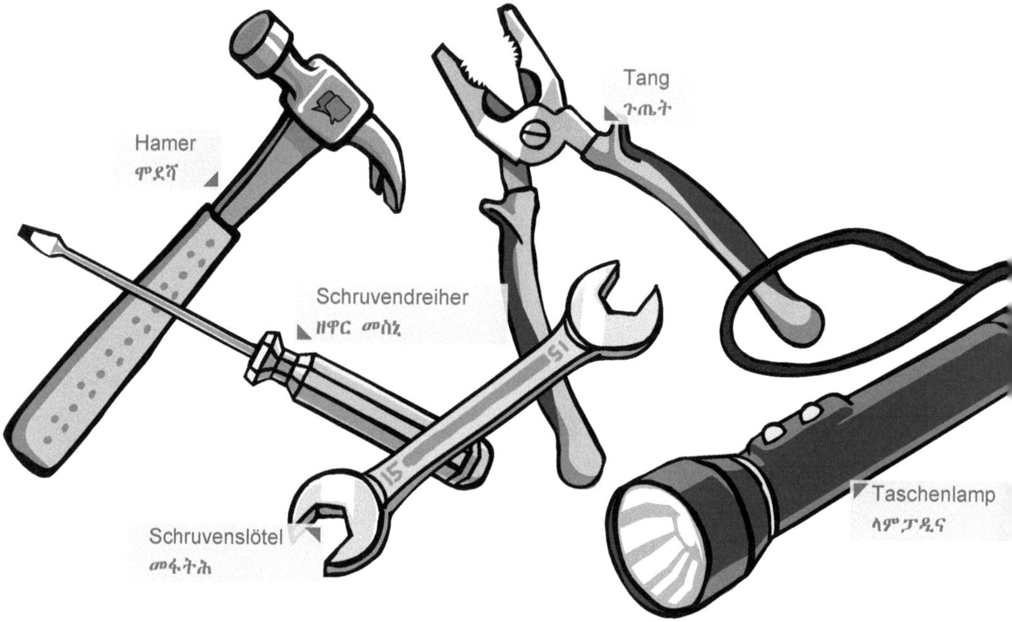

Grieper

ፈሓሪ

Warktüüchkassen

ናውቲ ቦክስ

Ledder

መደያይቦ

Saag

መጋዝ

Nagels

መስማር

Bohrer

ኰዓቲ

heelmaken

ም'ዕራይ

Schüffel

ባደላ

Schiet!

ኣይ!

Kehrblick

መትሓዚ ዶርና

Farvpott

ድስቲ ቀለም

Schruven

ካቻቢተ

Musikinstrumenten

መሳርሒ ሙዚቃ

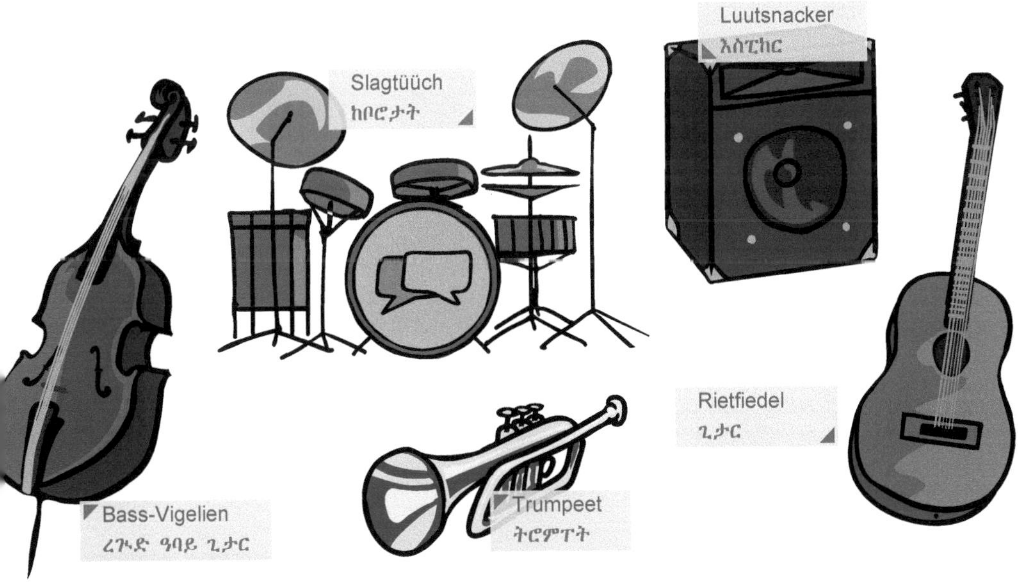

Slagtüüch
ከበሮታት

Luutsnacker
እስፒከር

Bass-Vigelien
ረጉድ ዓባይ ጊታር

Trumpeet
ትሮምፔት

Rietfiedel
ጊታር

Klaveer

ፒያኖ

Vigelien

ቪዮሊን

Bass

ባስ ጊታር

Pauk

ቲምንኢ

Trummeln

ከቦሮ

Keyboard

ኦርጋን

Saxophon

ሳክሶፎን

Fleut

ሻምብቆ

Mikrofoon

ሚክሮፎን

Tiger
ነብሪ

Käfig
ነብያ

Zebra
አድጊ በረኻ

Deertenfoder
መግቢ እንስሳ

Ingang
መእተዊ

Panda-Boor
ፓንዳ

Deerten

እንስሳታት

Elefant

ሓርማዝ

Känguru

ካንጋሩ

Neeshoorn

ሓሪሽ

Gorilla

ጉሪላ

Boor

ድቢ

Kameel

ገመል

Struuß

ሰገን

Lööv

ኣንበሳ

Aap

ህበይ

Flamingo

ፍላሚንጎ

Papagoi

ሕንጻይ

Iesboor

ድቢ በረድ

Pinguin

ፐንጉን

Haifisch

ከልቢ ዓሳ

Pageluun

ጣውስ

Slang

ተመን

Krokodil

ሓርገጽ

Oppasser in’n Deertenpark

ሓላዊ ቤት ገርድሽ

Saalhund

ዓሳ ዚምገብ እንስሳ ባሕሪ

Jaguor

ጃጓር

Pony

ሓጺር ፈረስ

Leopard

ነብሪ

Nilpeerd

ጉማረ

Giraff

ጂራፍ

Aadler

ሊላ

Wildswien

መፍለስ

Fisch

ዓሳ

Schildkrööt

ጎብየ

Walross

ዋልሩስ

Voss

ወኻርያ

Gazell

ሰስሓ

Sport
ስፖርት

Amerikaansch Football
ናይ ኣሜሪካ ኩዕሶ እግሪ
Radfohren
ምዝዋር ብሽግለታ
Tennis
ተኒስ
Korfball
ባስከትባል
Swümmen
ምሕምባስ
Boxen
ቦክሲንግ
Ieshockey
ሆኪ በረድ

Football
ኩዕሶ እግሪ

Fedderball
ባድሚንቶን

Leichtathletik
እስፖርታዊ ንጥፈታት

Handball
ኩዕሶ ኢድ

Skilopen
ስኪ

Polo
ፖሎ

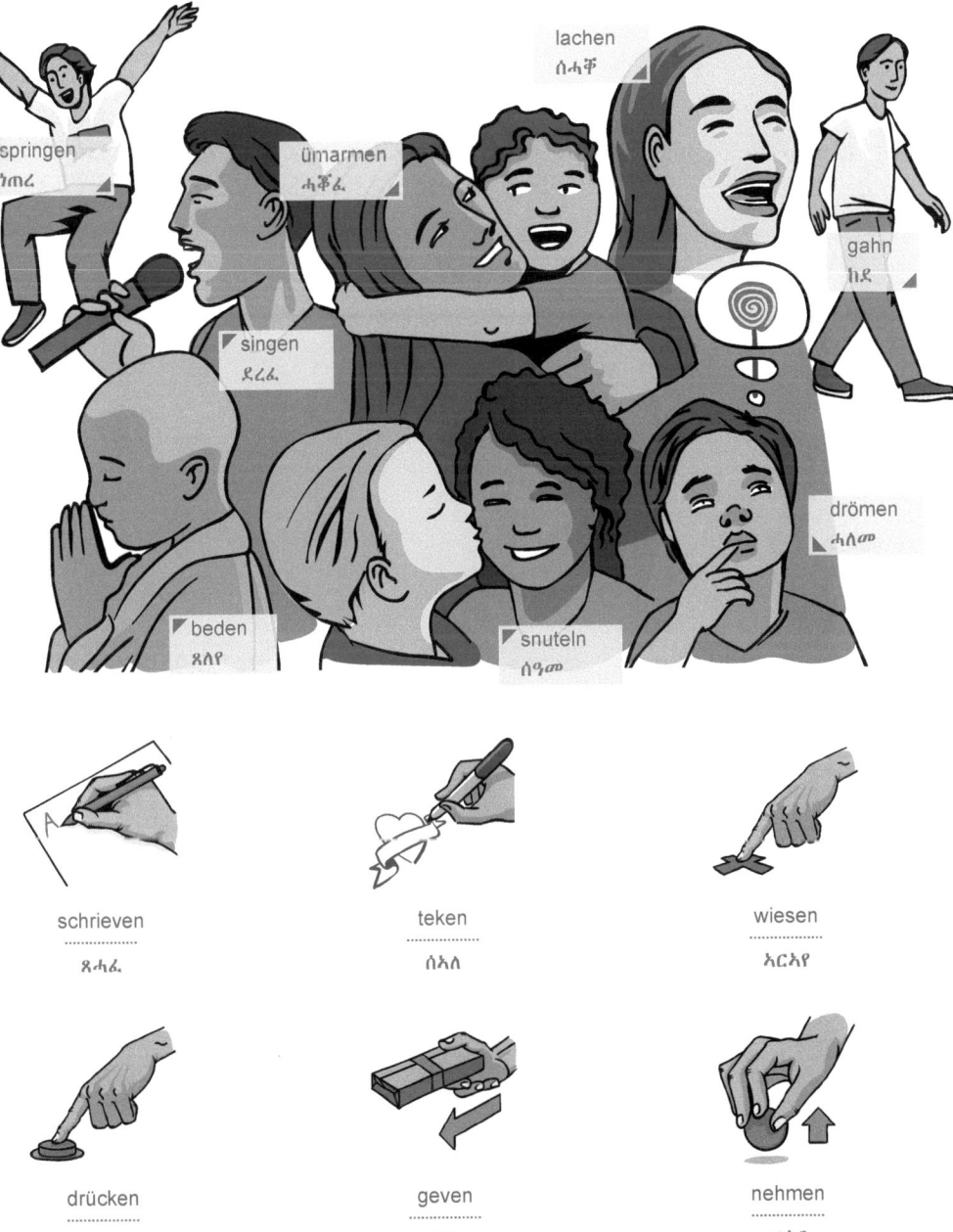

Aktivitäten

ንጥፈታት

lachen
ሰሓቐ
springen
ነጠረ
ümarmen
ሓቖፈ
gahn
ከደ
singen
ደረፈ
drömen
ሓለመ
beden
ጸለየ
snuteln
ሰዓመ

schrieven

ጸሓፈ

teken

ሰኣለ

wiesen

ኣርኣየ

drücken

ደፍአ

geven

ሃበ

nehmen

ወሰደ

hebben

ኣለወ

doon

ገበረ

sien

ኮነ

stahn

ጠጠው በለ

lopen

ጎየየ

trecken

ሰሓበ

smieten

ሰንደወ

fallen

ወደቐ

liggen

ሓሰወ

töven

ተጸበየ

dregen

ሰከም

sitten

ኮፍ በለ

antrecken

ተኸድነ

slapen

ደቀሰ

opwaken

ተስአ

ankieken
....
ረኣየ

wenen
....
በኸየ

eien
....
ብኣጻብዑ ደረዘ

kämmen
....
መሸጠ

snacken
....
ተዛረበ

verstahn
....
ተረድአ

fragen
....
ሓተተ

hören
....
ሰምዐ

drinken
....
ሰተየ

eten
....
በልዐ

oprümen
....
ኣቐመጠ

leefhebben
....
ኣፍቀረ

kaken
....
ከሸነ

fohren
....
ዘወረ

flegen
....
ነፈረ

segeln
....
ብመርከብ ገየሸ

reken
....
ደመረ

lesen
....
ኣንበበ

lehren
....
ተመሃረ

arbeiden
....
ሰርሐ

de Plünnen tohoopsmieten
....
መርዓወ

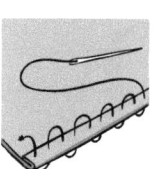

neihen
....
ሰፈየ

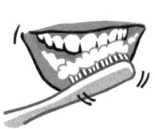

Tähnen putzen
....
ጽሬት ኣስናን

dootmaken
....
ቀተለ

smöken
....
ሽጋራ ተከኸ

schicken
....
ሰደደ

Familje
ስድራቤት

Grootmoder
ዓባየ
Grootvadder
ኣቦሓጎ
Vadder
ኣቦ
Moder
ኣደ
Winnelkind
ማማይ
Dochter
ጓል
Söhn
ወዲ

Gast
....
ጋሻ

Tant
....
ሓትኖ

Unkel
....
ኣኮ

Broder
....
ሓው

Süster
....
ሓፍቲ

Lief

ኣካላት

Vörkopp
ግንባር
Oog
ዓይኒ
Schuller
መንኩብ
Finger
ኣጻብዕ
Gesicht
ገጽ
Kinn
መንከስ
Hand
ኢድ
Been
ሸፋን እግሪ
Bost
ኣፍ-ልቢ
Arm
ምናት

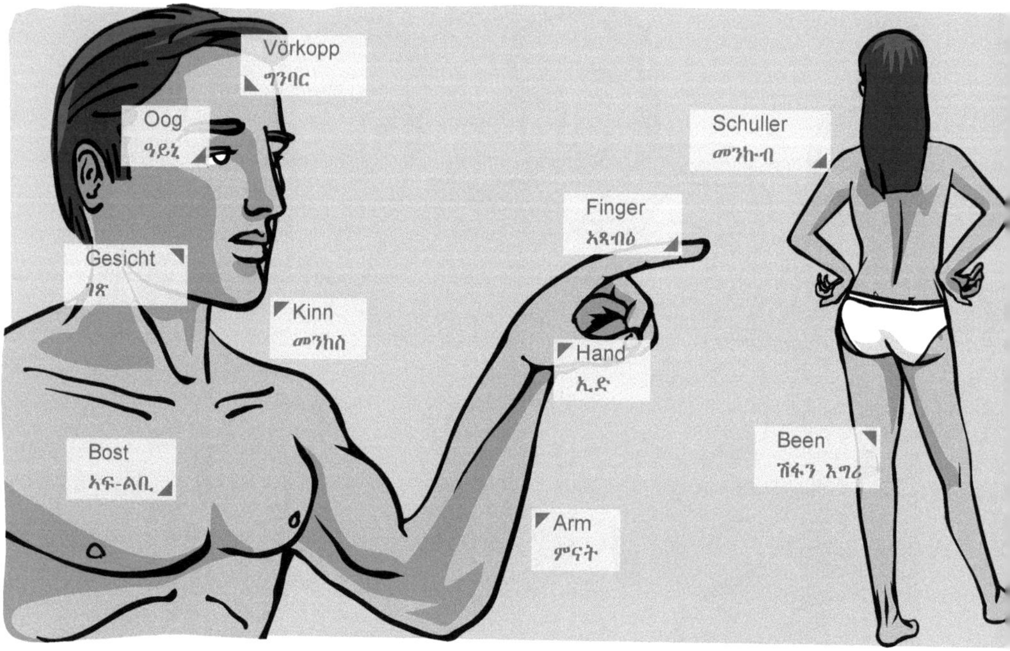

Winnelkind

ማማይ

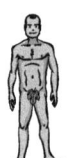

Mann

ሰብኣይ

Fro

ሰበይቲ

Deern

ጓል

Jung

ወዲ

Arm

ርእሲ

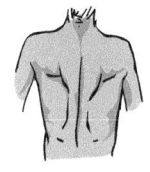

Rüch

ሕቖ

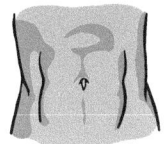

Buuk

ከስዐ

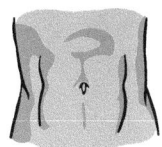

Navel

ሕምብርቲ

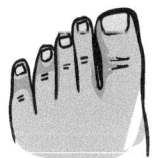

Teh

ኣጻብዕ እግሪ

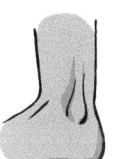

Hack

ኩርኹረ

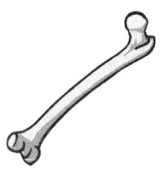

Knaken

ዓጽሚ

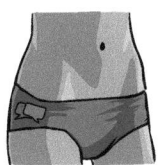

Hüft

ምሕኩልቲ

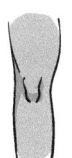

Knee

ብርኪ

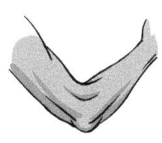

Ellbagen

ፎግፎጐ

Nees

ኣፍንጫ

Achtersen

መዓኮር

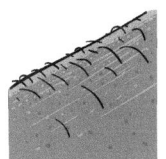

Huut

ቆርበት

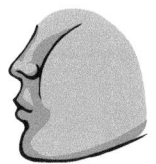

Back

ምዕጉርቲ

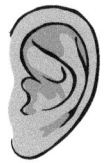

Ohr

እዝኒ

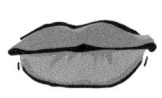

Lipp

ከንፈር

Mund

ኣፍ

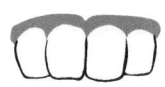

Tähn

ስኒ

Tung

መልሓስ

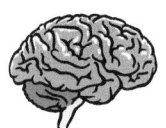

Bregen

ሓንጎል

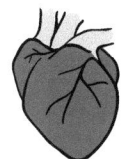

Hart

ልቢ

Muskel

ጭዋዳ

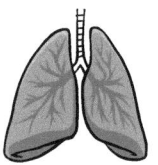

Lung

ሳንቡእ

Lever

ጸላም ከብዲ

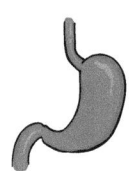

Maag

ከብዲ

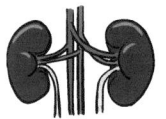

Neren

ኩሊት

Bislaap

ግብረ ስጋ

Kondoom

ኮንዶም

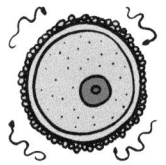

Eizell

እንቋቑሖ

Sperma

ዘርኢ ተባዕታይ

Anner Ümstänn

ጥንሲ

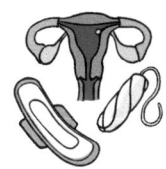

Menstruatschoon

ጽግያት

Scheed

ርሕሚ

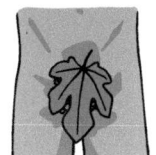

Pint

መትሎ

Ogenbroe

ሽፋሽፍቲ

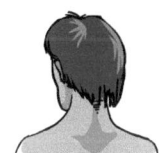

Hoor

ጸጉሪ

Hals

ክሳድ

Krankenhuus
ሆስፒታል

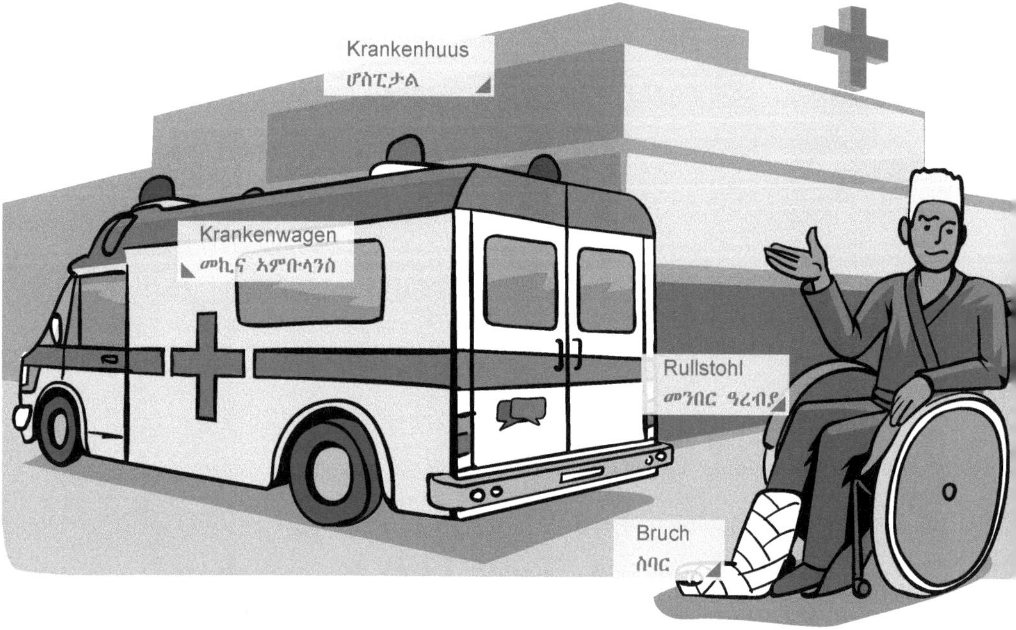

Krankenhuus
Krankenwagen
መኪና ኣምቡላንስ
Rullstohl
መንበር ዓረብያ
Bruch
ስባር

Dokter
....
ሓኪም

Nootopnahm
....
ክፍሊ ህጹጽ ረድኤት

Krankensüster
....
ኣላይት

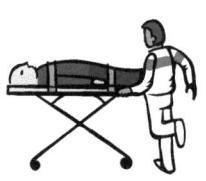

Nootfall
....
ህጹጽ ኩነት

ahnmächtig
....
ውነኡ ዘጥፍአ

Wehdaag
....
ቃንዛ

Verwunnen

ጉድኣት

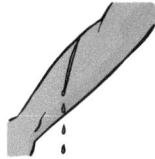

Blöden

ደም

Hartinfarkt

ማህረምቲ

Slaganfall

ማህረምቲ

Allergie

ኣለርጂ

Hoosten

ሰዓል

Fever

ረስኒ

Gripp

ኡንፍልወንዛ

Dörchfall

ውጽኣት

Koppwehdaag

ቃንዛ ርእሲ

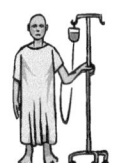

Kreeft

መንሽሮ

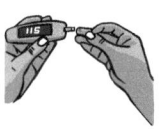

Zuckersüük

ሹኮርያ

Chirurg

ሓኪም መጥባሕቲ

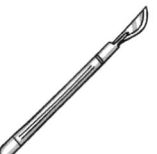

Chirurgsch Mess

መጥብሒ

Operatschoon

መጥባሕቲ

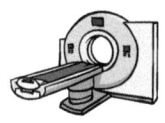

CT

CT

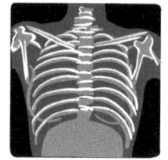

Dörchlüchten

ራጂ

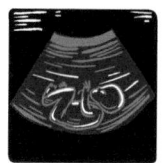

Ultraschall

ልዕለ ድምጻዊ

Mask

መሸፈኒ ገጽ

Krankheit

ሕማም

Töövruum

ክፍሊ ምጽባይ

Krück

ምርኩስ

Plaaster

መጀነኒ ቑስሊ

Verband

መጀነኒ

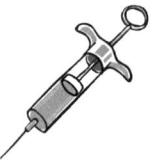

Insprütten

መርፍዕ ምውጋእ

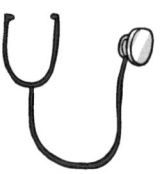

Stethoskop

ስተቶስኮፕ

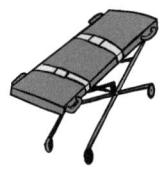

Draag

መሰከሚ ሕማም

Feverthermometer

ቴርሞመተር

Geboort

ትውልዲ

Övergewicht

ልዕለ-ሚዛን

Höörapparat

ሓገዝ ምስማዕ

Kiemfriemiddel

ኣንጻሂ

Ansteken

ልበዳ

Virus

ቫይረስ

HIV / AIDS

ኤድስ

Heelmiddel

ሕክምና

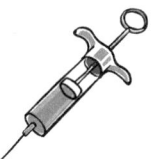

Impen

ክታብ

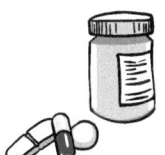

Tabletten

ከኒና

Pill

ከኒና

Nootroop

ህጹጽ ምድዋል

Blootdruck-Meter

መዕቀኒ ጸቕጢ ደም

krank / gesund

ሕሙም / ጥዑይ

Nootfall

ህጹጽ ኩነት

Hölp!

ሓገዝ

Alarm

ኣላርም

Överfall

ምህጃም

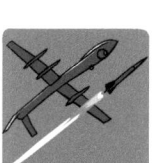

Angreep

መጥቃዕቲ

Gefohr

ድንገት

Nootutgang

ህጹጽ መውጽኢ

Füer!

ሓዊ!

Füerlöscher

መጥፍኢ ሓዊ

Unfall

ሓደጋ

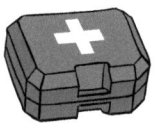

Noothölpkoffer

ሳንጣ ቀዳማይ ረድኤት

SOS

SOS

Polizei

ፖሊስ

Europa

ኤውሮጳ

Noordamerika

ሰሜን ኣመሪካ

Süüdamerika

ደቡብ ኣመሪካ

Afrika

ኣፍሪቃ

Asien

ኤስያ

Australien

ኣውስትራልያ

Atlantik

ኣትላንቲክ

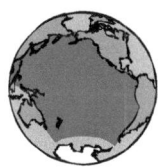

Pazifik

ፓሲፊክ

Indisch Weltmeer

ህንዳዊ ዉቕያኖስ

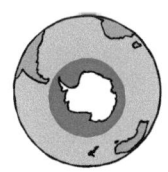

Antarktisch Weltmeer

ኣንታርቲካዊ ዉቕያኖስ

Arktisch Weltmeer

ኣርክቲካዊ ዉቕያኖስ

Noordpol

ሰሜናዊ ዋልታ

Süüdpol

ደቡባዊ ዋልታ

Antarktis

ኣንታርቲካ

Eerd

ምድሪ

Land

መሬት

See

ባሕሪ

Eiland

ደሴት

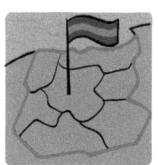

Natschoon

ሃገር

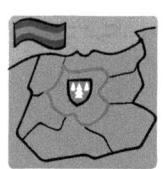

Staat

ዓዲ

Klock
ሰዓት

Tallenblatt

ገጽ ሰዓት

Stunnenwieser

ኣመልካቲ ሰዓታት

Minutenwieser

ኣመልካቲ ደቓይቕ

Sekunnenwieser

ኣመልካቲ ካልኢት

Wo laat is dat?

ሰዓት ክንደይ ኣሎ?

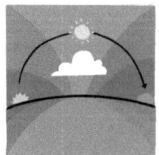

Dag

መዓልቲ

Tiet

ግዜ

nu

ሕጂ

digetaalsch Klock

ዲጊታል ሰዓት

Minuut

ደቒቕ

Stunn

ሰዓት

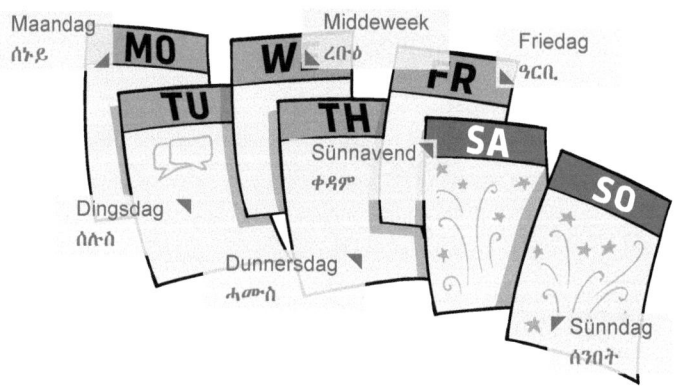

Week

ሰሙን

Maandag
ሰኑይ
Middeweek
W
Friedag
ዓርቢ
FR
Sünnavend
ቀዳም
Dingsdag
ሰሉስ
Dunnersdag
ሓሙስ
Sünndag
ሰንበት

güstern

ትማሊ

hüüt

ሎሚ

morgen

ጽባሕ

Morgen

ንግሆ

Meddag

ቀትሪ

Avend

ምሸት

Arbeitsdaag

መዓልታት ስራሕ

Wekenenn

መወዳእታ ሰሙን

Johr

ዓመት

Regen
ዝናብ
Regenbagen
ቀስተ-ደመና
Snee
በረድ
Wind
ንፋስ
Fröhjohr
ጽድያ
Harvst
ቀውዒ
Sommer
ሓጋይ
Winter
ክረምቲ

4.APRIL 11°
5.APRIL 4°
6.APRIL 13°
7.APRIL 8°
8.APRIL 10°

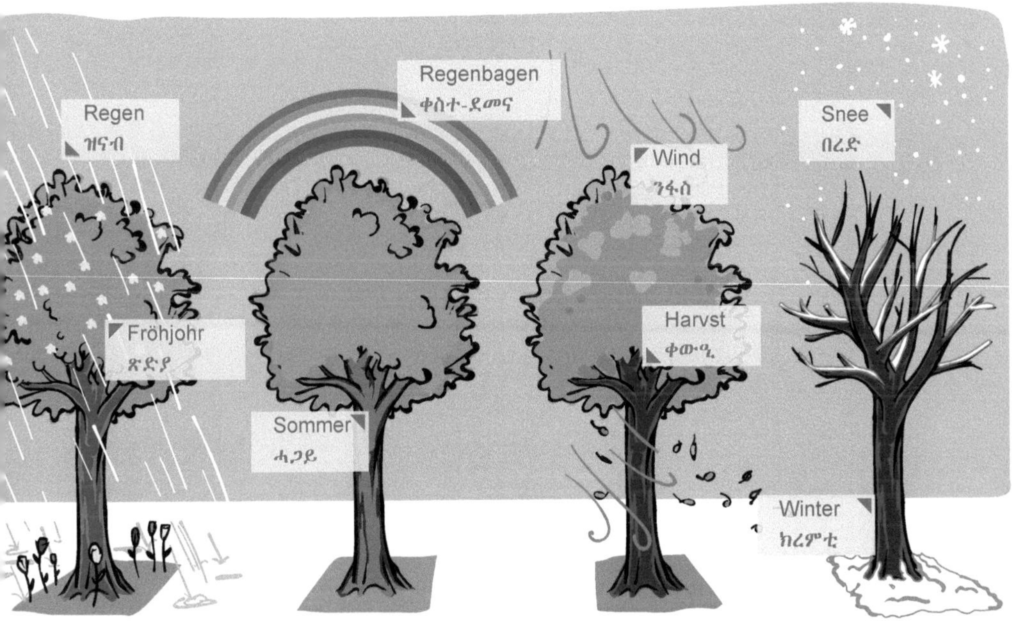

Wedervörhersaag

ትንቢት ኩነታት ኣየር

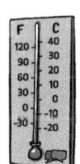

Thermometer

ቴርሞመተር

Sünnenschien

ብርሃን ጸሓይ

Wulk

ደበና

Nevel

ግመ

Luftfuchtigkeit

ጠሊ

Blitz

ብርቂ

Dunner

ነጎዳ

Storm

ህቦብላ

Hagel

በረድ

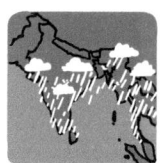

Monsun

ብርቱዕ ህቦብላ

Floot

ውሕጅ

Ies

በረድ

Januormaand

ጥሪ

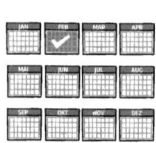

Februormaand

ለካቲት

Martmaand

መጋቢት

Aprilmaand

ሚያዝያ

Maimaand

ግንቦት

Junimaand

ሰነ

Julimaand

ሓምለ

Augustmaand

ነሓሰ

Septembermaand

መስከረም

Oktobermaand

ጥቅምቲ

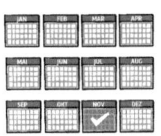

Novembermaand

ሕዳር

Dezembermaand

ታሕሳስ

Formen

ቅርጽታት

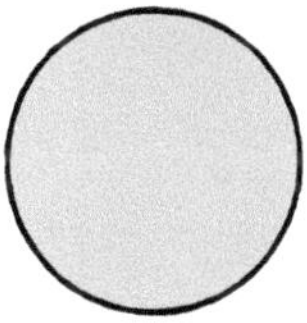

Krink

ዙርያ

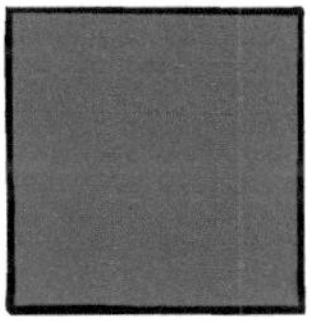

Quadrat

ትርብዒት

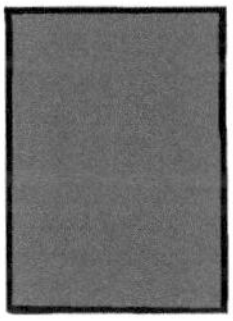

Rechteck

ቅኑዕ ርቡዕ ኩርናዕ

Dreeeck

ስሉስ ኩርናዕ

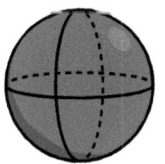

Kugel

ክቢ

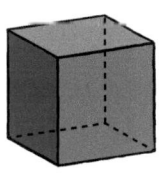

Wörpel

ኩቦ

Farven

ሕብርታት

witt

ጻዕዳ

geel

ብጫ

orangsch

ኣራንሺ

pink

ፒንክ

root

ቀይሕ

lila

ጁኽ

blau

ሰማያዊ

gröön

ቀጠልያ

bruun

ቡናዊ

gries

ሓሙኽሽታይ

swart

ጸሊም

Gegendelen

ኣንጻራት

veel / wenig

ብዙሕ / ውሑድ

böös / verdreeglich

ሕሩቕ / ሰላማዊ

smuck / mies

ጽቡቕ / ክፉእ

Begünn / Enn

መጀመርያ / መወዳእታ

groot / lütt

ዓቢ / ንእሽቶ

hell / düüster

ብሩህ / ጸልማት

Broder / Süster

ሓው / ሓፍት

schier / schietig

ጽሩይ / ርሳሕ

kumpleet / nich kumpleet

ምሉእ / ዘይምሉእ

Dag / Nacht

መዓልቲ / ለይቲ

doot / lebennig

ሙዉት / ህልው

breet / small

ሰፊሕ / ጸቢብ

geneetbor / nich geneetbor

....

ደስ ዘበል / ደስ ዘይብል

böös / fründlich

....

እኩይ / ህያዋይ

fickerig / langwielt

....

ርቡጽ / ስልኩይ

dick / dünn

....

ረጊድ / ቀጢን

toeerst / toletzt

....

ቀዳማይ / ናይ መወዳእታ

Fründ / Fiend

....

ዓርኪ / ጸላኢ

vull / leddig

....

ምሉእ / ባዶ

hart / week

....

ተሪር / ልስሉስ

swoor / licht

....

ክቢድ / ፈኲስ

Smacht / Döst

....

ጥምየት / ጽምየት

krank / gesund

....

ሕሙም / ጥዑይ

nich na't Recht / na't Recht

....

ዘይሕጋዊ / ሕጋዊ

klook / dummerhaftig

....

መስተውዓሊ / ስዲ

linkerhand / rechterhand

....

ጸጋም / የማን

neeg / feern

....

ቀረባ / ርሑቕ

nieg / bruukt

ሓዲሽ / ብሉይ

nix / wat

ዋላ ሓደ / ገለ

oolt / jung

ዓቢ./ኣረጊት / መንእሰይ

an / ut

ወልዕ / ኣጥፍእ

apen / slaten

ክፉት / ዕጹው

lies / luut

ህዱእ / ዓው

riek / arm

ሃብታም / ድኻ

richtig / verkehrt

ቅኑዕ / ግጉይ

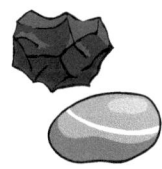

ruug / glatt

ሓርፋፍ / ልሙጽ

trurig / glücklich

ጉሁይ / ሕጉስ

kort / lang

ሓጺር / ነዊሕ

suutje / flink

ቀስ / ቅልጡፍ

natt / dröög

ጥሉል / ንቑጽ

warm / köhl

ምዉቕ / ዝሑል

Krieg / Freden

ውግእ / ሰላም

Tallen
ቁጽርታት

0	1	2
null	een	twee
ዜሮ	ሓደ	ክልተ
3	4	5
dree	veer	fief
ሰለስተ	ኣርባዕተ	ሓሙሽተ
6	7	8
söss	söven	acht
ሽዱሽተ	ሸውዓተ	ሸሞንተ
9	10	11
negen	teihn	ölven
ትሽዓተ	ዓሰርተ	ዓሰርተ ሓደ

12

twölf

ዓሰርተ ክልተ

13

dörteihn

ዓሰርተ ሰለስተ

14

veerteihn

ዓሰርተ ኣርባዕተ

15

föffteihn

ዓሰርተ ሓሙሽተ

16

sössteihn

ዓሰርተ ሽዱሽተ

17

söventeihn

ዓሰርተ ሸውዓተ

18

achtteihn

ዓሰርተ ሸሞንተ

19

negenteihn

ዓሰርተ ትሽዓተ

20

twintig

ዕስራ

100

hunnert

ሚእቲ

1.000

dusend

ሽሕ

1.000.000

million

ሚልዮን

Spraken

ቋንቋታት

Engelsch

እንግሊዝኛ

Amerikaansch Engelsch

ኣመሪካዊ እንግሊዛዊ

Chineesch Mandarin

ቻይናዊ ማንዳሪን

Hindi

ሂንዳዊ

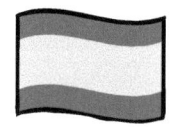

Spaansch

እስጳኛዊ

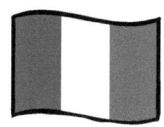

Franzöösch

ፈረንሳዊ

Araabsch

ዓረባዊ

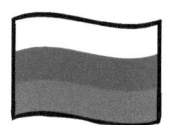

Rusch

ሩሲያዊ

Portugiesch

ፖርቱጋላዊ

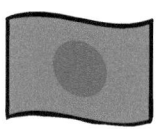

Bengaalsch

በንጋሊ

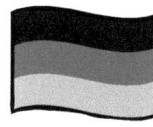

Düütsch

ጀርመናዊ

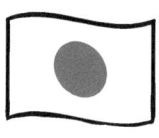

Japaansch

ጃፓናዊ

wokeen / wat / wo

መን / እንታይ / ከመይ

ik

ኣነ

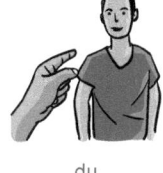

du

ንስኻ/ኺ

he / se / dat

ንሱ / ንሳ / ንሱ

wi

ንሕና

ji

ንስኻ

se

ንሳቶም

keen?

መን?

wat?

እንታይ?

woans?

ከመይ?

woneem?

ኣበይ?

wannehr?

መዓስ?

Naam

ሽም

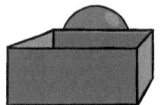

wo

ኣበይ

achter

ድሕሪ

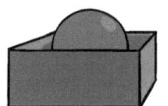

in

ኣብ

vör

ኣብ ቅድሚ

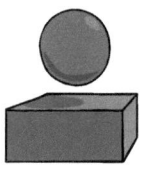

över

ኣብ ላዕሊ

op

ኣብ ልዕሊ

ünner

ትሕቲ ምድሪ

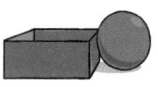

blangen

ኣብ ጥቓ

twüschen

ኣብ መንጎ

Oort

ቦታ